GSELLA · HURZLMEIER

Fressgedichte

THOMAS GSELLA

Fressgedichte

Mit Fresszeichnungen
von
RUDI HURZLMEIER

HAFFMANS VERLAG
BEI ZWEITAUSENDEINS

Originalausgabe

1. Auflage, November 2020

Umschlagvignette von Rudi Hurzlmeier.
Druck & Bindung: Kösel, Altusried-Krugzell

Dieses Buch gibt es nur bei Zweitausendeins.

ISBN 978-3-96318-081-1

»(…) finden wir den so erbärmlichen wie unverschämten Kunstgriff, alle die natürlichen Verrichtungen, welche die Thiere mit uns gemein haben und welche die Identität unserer Natur mit der ihrigen bezeugen, wie Essen, Trinken, Geburt u. a. m. an ihnen durch ganz andere Worte zu bezeugen, als beim Menschen. Dies ist wirklich ein niederträchtiger Kniff.«
Schopenhauer

»Der Mensch kommt unter allen Tieren in der Welt dem Affen am nächsten.«
Lichtenberg

WIE ENTSTEHT EIN FRESSGEDICHT?

Metrik. Ohne geht es nicht.
Reim. Der braucht ein Schema.
Fertig ist das Fressgedicht?
Nein, es braucht ein Thema.

Trinkgedichte fallen aus.
Blut aus Schwarzen Messen,
Most und Milch sind also raus.
Festes? Kann man fressen!

Festes, das das Tier uns »schenkt«,
Wenn wir höflich »bitten«,
Festes, das an Bäumen hängt,
Äpfel, Nudeln, Quitten,

Leichtes, das aus Böden schnellt,
Matschiges zum Schmatzen,
Schweres, das die Bäuche schwellt,
Bis sie krachend platzen.

Drum, wer einen Magen hat,
Fülle ihn! Auf geht es!
Nur das Fressen macht uns satt! –
Etwa so entsteht es.

FRÜHE ZWEIFEL

Papa?
Ja, mein Kind?

Wenn ich täglich zehn Mal bete,
Dass ihr Hipp und auch Alete
Nicht mehr länger in mich steckt;

Wenn mir trotzdem stets im Mund ist,
Was laut euch extrem gesund ist
Und extrem zum Speien schmeckt:

Wollt ihr mir denn allen Glauben
An die Kraft des Betens rauben?

Maul auf!

SPARMENU

Papa?
Ja, mein Kind?

Wenn du als Finanzexperte
Uns erklärst, es schaffe Werte,
Wer in Aktien investiert;

Wenn wir nun seit hundert Wochen
Nix als blanke Nudeln kochen:
Warum guckst du dann pikiert,

Wenn ich Taler, so wie du,
In die Abfalltonne tu?

Still, gleich kommt Börse.

AUF DEM SOZIOLOGENKONGRESS

Die Frage ist, was reicher macht:
Anwesen oder Brücke?
Die Frage ist, was mehr bewegt:
Jugend oder Krücke?

Die Frage ist, was Freude bringt:
Die Lust oder das Leiden?
Die Frage ist, was sich gut trägt:
Säcke oder Seiden?

Die Frage ist, was herrlich ist:
Knechten oder Lungern?
Die Frage ist, was uns erfüllt:
Sattessen oder Hungern?

Ich weiß es nicht, ich dummer Mann,
Und würd's doch zu gern wissen:
Geht's dem, der echt am Ende ist,
Nicht letztlich echt beschissen?

DER ROTE GROSSVATER MURMELT
BEIM AUFWÄRMEN

Ohne Sommer keine Winter
Ohne grünes Tal kein Berg
Ohne vorne kein dahinter
Ohne Zeus kein Menschenzwerg

Ohne Arme keine Reichen
Ohne Treiber keine Last
Ohne Mörder keine Leichen
Ohne Hütte kein Palast

Ohne Wachen keine Penner
Ohne Arme kein Triumph
Ohne Aldi keine Kenner
Ohne Ziseliert kein Dumpf

Ohne Bratwurst keine Lende
Ohne Schrot kein volles Korn
Ohne Vierten keine Stände
Und in den bin ich geborn

Und ich mampfe gelbe Nudeln
Und ich mampfe grünen Kohl
Sushi ist für die mit Pudeln:
Sinn so fein und Sein so hohl

Und ich mampfe Formgehacktes
Hoffend, dass es Tage hält
Abgeschmecktes Abgeschmacktes
Speisen die mit meinem Geld.

ABLASS MIT BEDIENUNG

Ziseliertes Geldgelichter,
Arrivierte Einsamkeiten,
Die sich unter Schmerzen spreiten,

Feine Mann-von-Welt-Gesichter,
Grau vor Stil und Überdruss,
Sichtlich dicker als ich Dichter,
Gut genährt vom Überschuss:

Solche wolln, was sie erreichten
(Von Verbrechen
Will man sprechen)
Hier und da einander beichten.

Darum sollst du niemals klagen
Über 1.-Klasse-Wagen.

DIESER MANN

Nie was gebend: Werde mein
Nie das habend, was es gibt
Leere Worte: ja und nein
Völlig schnuppe, wer ihn liebt

Nie berauschend, nur bezecht
Nie gefragt: Was tut mir gut
Leere Worte: gut und schlecht
Völlig schnuppe, was er tut

Nie gewesen, wo er war
Nie am Ort, an dem er ist
Leere Worte: falsch und wahr
Völlig schnuppe, was er frisst

Nie verstanden, was er weiß
Nie begreifend, dass er kann
Leere Worte: kalt und heiß
Völlig schnuppe, dieser Mann

VORSCHLAG

Papa?
Ja, mein Kind?

Wenn ihr Kinder in die Welt schmeißt
In der Hoffnung, dass eins Geld scheißt,
Weil's für euch kaum Rente gibt;

Wenn wir so was gerne machen,
Falls ihr ab sofort zwei Sachen
Uns zum Frühstück rüberschiebt,

Nämlich Eis und Schokolade;
Bitte? Nein? – Tja. Jammerschade …

Klatschklatsch

Mini Salami

SOMMERSTURM
für Joachim Ringelnatz

Was ein Benehmen, ha!, was ein Gebaren!
Ein Heulen und Sausen
In den zwei Ohren und in den vier Haaren
Ein süßes Zersausen,
Dabei hatte ich die vier fast vergessen.
Sturm: danke fürs Kräftemessen!

Danke fürs Tosen, alter Berserker!
Ich bin stark, aber du bist stärker.
An dich kann ich mich lehnen, Sturm,
Und in dich kriechen.
Du bist mein Apfel, ich dein Wurm.
Ich kann dich riechen.

Nein: wir. Dich liebt auch die Liebste.
Du saugst uns aus dem Haus, dann schiebste
Uns an den Tisch zurück, wir stechen
Die Gabel ins Rind und winken dir zu:
Sturm, gib bloß keine Ruh!
»Sturmwarnung«? Ha! Sturmversprechen!

HERBSTSTURM

Sturm tanzt, wir ziehn die Beine ein.
Wir sind: sie, ich, ein Kind, ein Haus.
Wir schauen nicht, wir hören raus:
Bleib draußen, Sturm, komm rein!

Der zarte Fisch, der leichte Wein,
Das stille Wasser braucht Gebraus.
Ein ofenwarmer Saus und Schmaus,
Der will umbrandet sein!

Sturm gibt's den Eichen, fällt den Mast.
Wir geben Dill, Sturm pfeift und stöhnt
Um weißen Fisch und Sprit.

Drei Meter weiter bricht ein Ast.
Und während blaues Licht ertönt:
»Sturm: Guten Appetit!«

RÖMISCHER FISCHMARKT

Unter leeren grauen Kathedralen
Tanzt die Lust in Farbe, Saus und Braus.
Von Langusten und von langen Aalen
Gehen Düfte wie von Himmeln aus.

Dieses Paradies aus prallen Bissen,
Dieses erdene Gericht aus Blasphemie!
Da wo's letzte falsche Band gerissen,
Geht der Aberglaube in die Knie.

Denn vor Fischen, die so ungeheuer
Fleischig sind und weich wie unser Mund,
Weicht die Macht und mit ihr das Gemäuer
Starrer Päpste – aleae iactae sunt!

Und ich wähle einen Aal und tropfe
Aus den Lefzen, zwiefach glücksumweht,
Als die Römerin mit rotem Kopfe
Ihn in eine »Welt am Sonntag« dreht.

DIE METZGERIN

Die Metzgerin nach altem Brauch
Zeigt mit verfrornen Händen
Und einem weichen warmen Bauch
Dem Kunden Brust und Lenden.

Ein Scheibchen Wurst schenkt sie ihm hin
Und sieht ihn rot probieren.
Wir sehn im Kampf um den Gewinn
Den Kampf haushoch verlieren:

Sie schenkt es wie zum Zeitvertreib,
Indes die Kunden ahnen:
Dies ist ein Leib von ihrem Leib,
Hostie des Profanen.

TISCHGEBET

Lass die Harten weicher werden
Und die Kalten bitte wärmer,
Lass die Armen reicher werden
Und die Reichen also ärmer,
Mach, dass Jucken nicht mehr juckt.
Schenk uns einen Automaten,
Der den Tätern böser Taten
Herzhaft in die Suppe spuckt.

Mach, dass Rechte Linke wählen
Und der Käse nie zu kalt steht,
Sich Kartoffeln selber schälen
Und der Pilz gehäuft im Wald steht,
Mach, dass Fett gesunder wird.
Mach, dass jeder Semmelknödel
Ohne langes Rumgerödel
Kugelrund und runder wird.

Gut wär, stellten Rind und Schwein
Ihre überdrehte Sehnen-
Produktion mal endlich ein.
Also bitte sag das denen,
Und zwar dalli. Pronto. Flott.
Willst du nicht, dass wir die Sachen
Ohne dich und selber machen:
Lass es krachen, lieber Gott!

II VORSPEISE

DIE FASTENZEIT

Ab Aschermittwoch fasten wir,
Zumal auch theoretisch.
Den dicken Leib betasten wir
Und beten streng asketisch:

»Gottvater, sieh mein Herze rein!
Mein Bauch: schon wie vergangen!
Da muss nun dringend Fleisch hinein!
Wie hohl schon meine Wangen!«

So bringen wir in ernstem Spiel
Das Fromme zur Entfaltung.
Entscheidend ist nicht das Wieviel,
Entscheidend ist die Haltung.

SUSHI

Matschereis an Minifisch,
Algen-Tesafilm drumkleben,
Sojalake aufn Tisch –
Sushibars, hoch sollnse leben!

Coolste Marge der ganzen Welt:
Tausend zum Quadrat nach Steuer,
Billigzeug für hippes Geld,
Bester Kunde Andy Scheuer –

Wer erfand's? Schockschwerenot:
Ich vergaß! So frag ich Sie:
Genialer Idiot?
Idiotisches Genie?

EINKAUF MIT WERBERN

Dürfen wir Sie kurz was fragen?

Ich hab's eilig, aber … Bitte.

Da in Ihrem Einkaufswagen
Liegt so eine braune Schnitte …

Na, Sie sind mir ja 'n Knilch.
Aber stimmt: so'n Riegelquark.
Außen Kuchen, innen Milch.
»Milchschnitte«. So. Guten Tag!

Augenblick! Aus welchem Grund
Hamse sich für sie entschieden?
Weil sie leicht und locker und …

Lassense mich doch in Frieden;
Küss die Hand, auf Wiedersehn!
Also bitte, meine Herrn …
Wollnse hier noch lange stehn
Und mir meinen Weg versperrn?

Nein, wir müssen aber wissen:
Finden Sie die Schnitten lecker?

Nö, die find ich echt beschissen.
Und Sie gehn mir auf'n Wecker!
Hauense ab, Sie Idiot!

Nein, erst sprechen Sie uns nach!
›Gerade auch als Pausenbrot …‹

Meine Herren, guten Tach!

… ›ist die Schnitte sehr gesund!!‹

Hörnse uff mit dem Jeschrei!
Und nun haltense den Mund!
Weg, Sie Spinner! Polizei!

Lieber Herr, wir wolln doch bloß …

Mensch, Sie haben wohl 'n Knall!
Lassense den Wagen los!
Hallo! Hilfe! Überfall!!

Hartwurst

WAS IST DAS?
Ein Rategedicht

Blütengelb ist ihre Schale
Und sie selber lang und krumm.
Herrlich weich ihr weißes Fruchtfleisch,
Das man gern in Honig grillt.

Süße schenkt sie unsrem Müsli.
Auf den Schalen rutscht man aus.
Braun geht sie in Fäulnis über.
Hoch der Baum, an dem sie wächst.

Affen klettern in die Spitze,
Pfeffern sie mit Wucht hinab,
Dass sie einen Spaltbreit breche,
Schlürfen dann die Kokosmilch.

(Lösung: Tomate)

AN DEN TISCHEN DER DICHTER UND DENKER

Tisch 1
Zum Kellner sprach der Fichte:
»Zehn Bier, null Hauptgerichte.«
Da rief der Kellner: »Lieber Kant,
Sie essen aber allerhand!«,
Was Fichte so verwirrte,
Dass er sofort stornierte.

Tisch 2
Wittgensteins Kompott war feiner
Als dem Rudolf Steiner seiner.

Tisch 3
Hier dinnierten vier adrette
Literaten um die Wette.
Keller sprach zu Thomas Mann:
»Guck, wie schnell ich essen kann!«
Freilich noch bedeutend schneller
Als der lahme Gottfried Keller
Aß der schnelle Bertolt Brecht.
Nicht schlecht!
Aber wieder erste Sahne
War mit Abstand Herr Fontane.

Tisch 4
Grinsend schrieb Diogenes:
»Fische hätten keine Gräten,
Wenn wir sie drum bitten täten.«
(Werke, XII: *Erlogenes*).

Tisch 5
»Herbert«, setzte Schelling an,
»Heut bist du mit Nudeln dran.«
Träge sprach Marcuse:
»Keene Lust. Koch duse.«
»Rohe Nudeln sind der Klopper!«,
Riefen Plessner, Paul und Popper,
»Rohe Nudeln sind der Hammer!«,
Brüllten Gehlen und Gadamer.
»Nein!«, schrie Friedrich Schiller
Und ward wieder stiller,
Denn nun sprach Ernst Bloch:
»Doch.«

Tisch 6
Roland Barthes aß gern Salat
Mit Dressing von Lessing.

Tisch 7
Philosoph, Barbar und Buhmann:
Veggies hassen Niklas Luhmann,
Weil er Tiere, roh wie gar,
Fraß, obwohl noch Fleisch dran war!

Tisch 8
Platon sprach zu Demokrit:
»Croissants, igittigitt.«
Platon sprach zu Habermas:
»Croissants, ein Riesenspaß.«
Platon sprach zu Sloterdijk:
»Margarine in den Teig!«
Platon sprach zu Martin Luther:

»Margarine? Lieber Butter!«
Die Moral von dem Gedicht:
Platon glaubt man besser nicht.

Tisch 9
Bester Spiegeleiermacher
Laut Adorno: Schleiermacher.

Tisch 10
»Zum Fettgehalt des Kräuterquarks«:
Das erste Buch des jungen Marx
War ein totaler Reinfall,
Bis Friedrich Engels ihm empfahl:
»Schreib's um und nenn's ›Das Kapital‹.«
Ein genialer Einfall.

Tisch 11
Epikur, Anaximander,
Plutarch, Hoeneß, Thomas Kling
Gossen Rum auf weißen Zander,
Bis man sich am p-prügeln fing.

Tisch 12
Ein Denker saß bei Wein und Schmaus,
Als plötzlich ging das Saallicht aus.
Schnell sprach ein Kellner zu dem Mann:
»Wir zünden eine Fackel an«,
Worauf der Mann den Saal verließ,
Da er Karl Kraus mit Namen hieß.

Tisch 13
Dass sein Kiefer manchmal quietsche,
Warnte freundlich Friedrich Nietzsche
Seinen Tischnachbarn Pascal.
Doch der winkte ab: »Egal!«
Denn viel lauter schlürfte Blaise
Schmatzend seine Bouillabaisse.

Tisch 14
Rot vor Wut und grün vor Ärger
Riefen Kluge, Enzensberger,
Philip Roth und Flann O'Brien:
»Unser Tisch ist viel zu klein!«
Gleichfalls wie aus einem Munde
Rief die ganze Kellnerrunde:
»Na, Sie kamen halt zuletzt!
Alle andern sind besetzt. –
Ein Getränk die Herren? Bier?«
»Gerne!«, riefen alle vier,
Und sie tranken's singend aus,
Denn die Runde ging aufs Haus.

Unbeheizt in trübem Schimmer
Lag das Dichterinnenzimmer
In dem Nebentrakt mit Namen
»Von den Herren für die Damen«.
Aber das Patriarchat
Knackten die auf ihre Art:

Tisch 15
Hannah Arendt saß allein
Vor der zweiten Flasche Wein,
Titelte, schon leicht am Dösen,
»Die Banalität des Bösen«,
Rief dann mehrmals »Ober, zahlen!«,
Doch der ignorierte sie.
Also korrigierte sie:
»Die Bosheit des Banalen.«

Tisch 16
Lou Andreas-Salomé
Rief zu Nelly Sachs:
»Ach, wie gut passt Rum mit Tee
Doch zu Silberlachs!«
Kauend frug Rahel Varnhagen
Dann Marieluise Fleißer:
»Schmeckts?«
»Naja … wie soll ich sagen –
Könnte gern 'n bisschen heißer.«

Tisch 17
»Ganz im Gegenteil, könnt' kühler«,
Sagte Else Lasker-Schüler,
Doch schon fragte Vicky Baum:
Die Mascha Kalèko:
»Willst du meinen Kaffeeschaum?«
»Spinnst du? Auf Prosecco?!«

Tisch 18
Neben ihr schrieb Karoline
Schweigend und mit ernster Miene
Eine seitenlange Ode.
»Guckt mal, typisch Günderrode«,
Neckte unterm schwarzen Haar
Die Simone de Beauvoir.

Tisch 19
Typisch Rosa Luxemburg:
Klaute heimlich eine Gurk
Von der Agnes Heller
Ihrem Teller!

Tisch 20
Später fragten Edith Stein
Und Johanna Schopenhauer:
»Gehnwer noch spazieren?«
»Nein.«
Und so sollte's besser sein,
Denn es kam ein Regenschauer.
Also blieben alle drin,
Und ein großes Lachen
Schwebte über Korn und Gin
Und den harten Sachen.

III HAUPTGANG

DER THERMOMIX

Rühren, mischen und zerkleinern,
Emulgieren, garen, kneten,
Kochen, wiegen und verfeinern,
Gelber Saft aus roten Beeten,

Kochen, schlagen, hauen, prügeln,
Kohl entgräten, Rüben stutzen,
Rasen mähen, Hemden bügeln,
Mails verschicken, Zähne putzen,

Urlaub machen, Handy laden,
Socken stopfen und mal fix
Dach erneuern, Kinder baden,
Alles kann der Thermomix.

RÄTSEL CURRYWURST GELÖST

Wer hat dieses Ding erfunden?
Wer hat erstmals Schweinsgematsche
Mit 'ner Pelle dick umwunden?
Wer als erster hat die Patsche
In ein Currybad getaucht
Und dann kochend heiß geschluckt?

Ich hab' Monate gebraucht,
Hab' in Büchern nachgeguckt
Und fand endlich prima Quellen,
Die das Wer, Wie, Wo und Wann
Derart rückstandslos erhellen,
Dass ich heute sagen kann:

Die Wurst stammt nicht von dieser Welt!
Der »Spezi« Erich Däniken
Hat folgendes klar festgestellt:
Einst lebten grüne Männeken
Auf einem Marsianermond;
Sie haben erst in Saus und Braus
Mit Swimmingpool und so gewohnt,
Dann »blieb die Weizenernte aus«
(So jedenfalls Herr Däniken),
Und einer, ein gebrechlicher
Kommander von den Männeken,
Wurd' schwach und immer schwächlicher,
Und sprach am Ende todesmatt
Zu seinen vielen Erben
Kaum hörbar leise: »Wisst ihr wat?
Chef-Männeken muß sterben.«

Der Erben Äuglein wurden nass.
Doch statt sich hinzulegen,
Begann das Männeken aus Spaß,
Sein Zimmer durchzufegen!
Dort lagen Staub und Müll und Schrot
Und Kram und alte Hüte.
Das Männeken in seiner Not
Tat alles in 'ne Tüte,
Und dann – ihr Kinder, passt gut auf! –
Ging unser Männeken zum Schrank,
Goss Curry auf die Tüte drauf
(Es war u. a. auch geisteskrank)
Und schaufelte – O Graus, o Schreck! –
Sich's in Sekundenschnelle rein;
Es fraß die Grütze einfach weg
Und delirierte: »Hm, schmeckt fein!«

Er fraß, so viel man fressen kann,
Und starb nach fünf Sekunden.
Laut Däneken hat dieser Mann
Die Currywurst erfunden.

RASTSTÄTTEN

Große Auswahl, kleine Preise,
Frischgemüse, zartes Rind,
Häufig leer und immer leise,
Und weil Menschen Menschen sind:
Kostenloses Urinieren!

Cola / Eis für faires Geld,
Wartezeit zum Applaudieren,
Schönstes Holzfurnier der Welt,
Kühle Plastikledersitze,
Feinste Möbel, schön und klar –

Ist die Autobahn schon spitze:
Raststätten sind wunderbar.

Gelbwurst

GUT VERKOCHT

Papa?
Ja, mein Kind?

Wenn ihr mich beim Mittagessen
Lauthals zwingt, das Zeug zu fressen,
Das kein Kind zu schlucken weiß:

Erbsen, Kraut, Spinat und grünen
Kohl, ein Matsch aus Vitaminen
Über ungeschältem Reis –

Muss man, um gesund zu leben,
Sich denn täglich übergeben?

Kannst du die Frage noch mal wiederholen?

ABER: NUDELN!

Weiche, Reis, und flieh, Kartoffel,
Schamesrot und reuevoll!
Und gesteht, ihr Nudel-Stoffel,
Was der Mensch nicht leugnen soll:

Nudeln: Gold, dem Mehl entrungen,
Götterwerk aus Menschenhand!
Schönste aller Sättigungen,
Wunder aus Schlaraffenland.

Also sprach er zu den Rudeln
Falscher Nudel-Meckerer:
Geht und steiget um – auf Nudeln!
Oder: Fleisch. (*Noch* leckerer.)

KREUZFAHRTBUFFET

Das Schiff war groß wie eine kleine Straße
Und sah mit tausend Augen auf das Meer.
Auch das Buffet von ungeheurem Maße,
Und tausend Töpfe standen niemals leer.

Der Himmel war sehr blau und wurde blasser
Und hoch am Nordkap weiß von Gischt und Schnee.
Und an der Reling saugte der Verfasser
Am Longdrink, und die Birne tat ihm weh.

Denn wer nicht speiste, trank in langen Schlücken,
Und wer nicht trank, der nahm zehn Teller voll.
Und in die Landschaft guckte mit Entzücken
Der an der Reling und sprach schluckend: »Doll …«

Denn manches Meer ist weit ins Land gewachsen
Und nichts auf Erden schöner als ein Fjord.
Und mancher speiste morgens Bier an Haxn,
Und einer blieb am Landtag still an Bord.

Denn viele andre fiel'n in kleine Orte
Und krönten sie zu einer großen Stadt.
Und der Verfasser schluckte eine Torte
Und sah sich am Ereignis kauend satt.

Denn jeder Hafen kam in die Kabinen
Dank Außenkameras und Bordfernsehn.
Und leere Theken voller Zapfmaschinen:
Wer ließe eine solche Chance vergehn?

Und manchmal las er Lyrik vor den Gästen,
Und mancher Geist saß fragend, fast ergrimmt.
Allein dem Körper steht der Sinn nach Mästen
Auf hoher See, wo Rundes oben schwimmt.

IN DER BETRIEBSKANTINE

Die einen mampfen Pommes und
Bierrahm auf Häschenschnitzel,
Die andern mümmeln kerngesund:
Salat, Tee, Sojafitzel.

Den einen tropft das Blut heraus
Wie bösen Wölfen. Schaurig!
Die andern sehen menschlich aus,
Doch ungeheuer traurig.

Drum, Leute, esst im Doppelpack!
Von jedem Style ein bisschen:
Vegangedöns mit Robbenhack,
Dazu ein Tee mit »Schüsschen«.

Teewurst

WIE MAN'S NICHT MACHT (1)
EINTOPF

Keller und die Speisekammer
Bergen vieles: Nudeln, Hammer,
Linsen, Zwiebeln, Meißel, Reis,
Müsli, Säge, Dosenmais,
H-Milch, Zange, Mehl und auch
Salz sowie den Gartenschlauch.

Kleidet euch in Küchenkittel
Und spediert die Nahrungsmittel
Voller Lust und volle Kanne
In die arme Badewanne,
Legt als Lärmschutz Decken drauf
Und dreht heißes Wasser auf.
Um die Sachen einzuweichen,
Müssten zweidrei Eimer reichen!
Stellt euch an den Wannenrand,
Nehmt den Hammer in die Hand,
Und dann hackt ihr wie die Raben
Kraftvoll auf die Gottesgaben.

Langt, weil's eh zu schnell vorbei ist,
Lustig hin, bis alles Brei ist,
Haut in stillstem Kinderglücke
Auch die Wanne mit in Stücke,
Dann zersägt den Gartenschlauch.
Spitzelt mit dem Meißel auch
In den Fliesen ohne Bange!
Haut und meißelt! Nehmt die Zange
Und reißt fröhlich mittenmang
Löcher in den Duschvorhang,
Streut das alles spielvergessen
Ins bizarre Mittagessen –
Doch nun schleicht, obwohl's schon spät,
Keinesfalls ins Kinderbett!

Sondern dorthin, wo Gerüche
Aller Äcker sich vermischen,
Nämlich in die gute Küche,
Um den Frühstücksdeck zu tischen.
Stellt die Teller und die Tassen,
Schmückt den Tisch in prallen Massen
Mit Gemüse, Käse, Wurst,
Säften gegen Morgendurst,
Essiggurken und Pralinen,
Honig von den besten Bienen,
Kocht den Kaffee, brecht das Brot,
Klöppelt Mamas Goldfisch tot,
Den ihr sorgsam filetiert
In den Thunfisch integriert.
Tobt hernach mit lautem Krach
In der Eltern Schlafgemach:
»Mami! Dad! Wir ham's gecheckt!
Melden: Brunch ist eingedeckt.«

Ei, wie glücklich sind die Eltern!
Sehet sie mit stolzgeschwelltern
Brüsten in die Küche eilen,
Wo sie stumm vorm Tisch verweilen,
Um mit Tränen tiefsten Glückes
Angesichts dies Top-Frühstückes … –
Aber, so ist's morgens immer
Nach zwei Dutzend Abendbieren,
Muss der Vater urinieren,
Strebt hinein ins Badezimmer,
Wo, derweil sein Schrei noch gellt,
Er in tiefste Ohnmacht fällt
Samt der Frau, die in Sekunden
Sich beim Männe eingefunden –

So etwas, ihr Kinderlein,
Tut man nicht: Man lässt es sein!

GENDER GAP

Papa?
Ja, mein Kind?

Wenn die Damen gern versuchen,
Im Verzicht auf Keks und Kuchen
Schlangenklapperdürr zu bleiben;

Wenn die Herren gern auf vollen
Wänsten durch die Gassen rollen
Und sich Haxn einverleiben,

Bis der Blazer explodiert –
Huch, was guckst du so pikiert?

Mumd schu beim Eschen!

Dauerwurst

WIE MAN'S NICHT MACHT (2)
GEFRIERFACH

Kinder, kennt ihr das Verlangen,
Kleine Tiere einzufangen
Und sie gegen die Manieren
Im Dreisternfach zu gefrieren?
Ja, ihr kennt's? Doch wagt ihr's nicht?
Kinder, hört auf dies Gedicht!

Mut gedeiht, anstatt zu sinken,
Wenn wir nur gedeihlich trinken
Bier und Schnaps und Gin und Wein –
Dreht euch alle viere rein,
Und dann strebt, sobald ihr lallt,
Aus der Stadt in einen Wald.
Haut den Iltis! Schrägt den Hasen!

Zieht den Maulwurf aus dem Rasen,
Würgt den Fuchs, schlagt mit dem Pickel
Ein auf Marder und Karnickel,
Fuchs und Ratte, Spatz und Maus,
Packt sie ein, und ab nach Haus!

Zerrt daheim in frohem Wüten
Aus dem Eisfach alle Tüten,
Leert sie in die Abfalltonne,
Füllt dieselbigen mit Wonne
Auf mit dem, was ihr besoffen
Tief im Walde angetroffen.
Hackt die Beute, das muss sein,
Vorher noch portionenklein,

Mischt in eine Tüte munter
Papas Lederhandschuh unter,
Klebt mit Sorgfalt und Uhu
Sie dann alle wieder zu –
Und nun wartet; ihr habt Zeit!

Eines Tages ist's soweit:
Da erinnert eure olle
Faule Alte sich der Scholle,
Die samt Sahneblubbspinat
Sie einst tiefgefroren hat,
Öffnet's mit gelöster Seele –
Ach, ein Schrei aus böster Kehle
Bricht sich Bahn und füllt, o Graus,
Das gesamte Elternhaus!

Zitternd inspiziert die Mutter
Das vertrackte Tiefkühlfutter,
Bis der Handschuh des gefunden,
Dem sie ehelich verbunden,
Und sie schnell als wie die Pest
Sich gerichtlich scheiden lässt
Vom, das Fundstück hat's verraten,
Urheber der Missetaten –

So etwas, ihr Kinderlein,
Tut man nicht: Man lässt es sein!

ANALYSE

Rindersteak, in Feigenöl gebraten,
Zarter Zander an Zitronenreis,
Ingwer in iberischen Salaten,
Rosmarinkartoffeln, kross und heiß,

Weinblätter um Schnittlauch und Rosinen,
Linsencurry, scharf, mit Majoran,
Wildschweinpfanne, süß, mit Mandarinen,
Knurrhahn mit Zucchini / Thymian,

Hirschragout an Rotwein und Schalotten,
Albatrüffel in Sardellencreme,
Selbst ein Süppchen aus Muskatkarotten
Mit 1 Becher Sahne oder wem

Schmeckt, ich komme nun zur Analyse,
Besser als verkochtes Matschgemüse.

DAS GRILLEN

Papa?
Ja, mein Kind?

Warum habt ihr Sex so – heimlich?
So was Schönes, Zartes ist
Euch anscheinend super peinlich.
Weil das was Privates ist!

Ah, verstehe! Und kaum werden
Warm die Luft und grün der Baum,
Stellt ihr euch in großen Herden
In den öffentlichen Raum,

Und ihr reißt an Bauch und Rippen,
Um mit blutig roten Tatzen
Und mit triefend fetten Lippen
Totgesägtes Tier zu schmatzen,

Rülpsend Biere aufzuhebeln
Wie das dickste Schwein am Trog
Und die Sonne zu vernebeln,
Welche euch nach draußen zog –

Dafür schämt man sich dann nich'?
Ne, das geht nur öffentlich!

DIE SPARGELZEIT

In der Spargelzeit isst jeder
Spargel, weil es Spargel gibt
Und in Hälse man entweder
Spargel oder Spargel schiebt.

Spargel: das Gebot der Stunde.
Spargel: Gottheit, Sinn und Stolz.
Spargel führet man zum Munde,
Kaut auf edlem Spargelholz,

Würgt an zartem Spargelschinken,
Und dank Spargel ist's so weit:
Auch Urin darf endlich stinken.
O du schöne Spargelzeit.

PAPA IST DER BESTE

Papa?
Ja, mein Kind?

Wenn du ein moderner Mann bist,
Der heut' mit dem Kochen dran ist
Und wie Gott in Frankreich wirbelt;

Wenn du sagst, ein Mann muss wissen,
Wie man köstlich zarte Bissen
Aus den Handgelenken zwirbelt:

Warum schmeckt mein zartes Schwein
Köstlich wie ein Kieselstein?

Runter damit!

IV DESSERT

KONTROLLGEWINN

Zwei Schachteln täglich rauchte ich,
Und diese Sucht verbrauchte mich.
Doch dann, in einer warmen Nacht,
Da hab ich mit ihr Schluß gemacht.

Zwei Tage war ich sehr allein.
Dann, abends, unterm Mondenschein,
Sprach mich die Schokolade an:
»Du suchst etwas. Bist du mein Mann?«

Sie war so süß, ich sagte ja.
Seit dieser Nacht sind wir ein Paar.
Ich bin verliebt: Ich brauche sie
Und bin geheilt: Ich rauche nie!

Sie sagt mir: Nimm. Ich nehm ein Stück.
Ist sie im Mund, bin ich im Glück:
Die Augenlider schließen sich,
Und ich bin nur Genießen, ich
Spür wie sie warm wird, weich und warm,
Die Zunge nimmt sie in den Arm,
Sie herzen sich, sie lieben sich,
Sie wälzen und verschieben sich,

Sie flezen sich durch meinen Mund,
Mal dünn, mal dick, mal lang, mal rund,
Der Gaumen schwimmt, die Wange schmeckt,
Die Zähne samten braungebleckt,
Und küssend spricht die Zunge zu
Der Allerliebsten:

»Ach, ach du!
Wie wenig es doch schade ist,
Dass du aus Schokolade bist!
Ein Apfel ist gesund und Dill
Und Tee und Bionade.
Doch wer 'ne Lade Schoko will,
Der braucht 'ne Schokolade!«

Äonen noch schmatzlutscht der Mund.
Dann fließt die Süße in den Schlund,
Und leider kehrt sie nie zurück.
So brauche ich ein neues Stück.
Und ist die erste Tafel leer,
Kommt eine zweite Tafel her:
»Komm, iss mich, bittebitte!«
Sie schmilzt. So kommt die dritte.

Sechs Tafeln nehm ich wohl pro Tag,
Weil ich Kontrollverlust nicht mag,
Und sage ohne Selbstbetrug:
Ich nahm seitdem nicht *einen* Zug!

QUITTUNG

Ein Apfel lag, als sei sein Grün
Der andern Welt entsprungen.
Er fragte: Findest du mich schön?
Ich hab ihn weinend angesehn,
Gepackt, verlacht, verschlungen.

ÜBERHAUPT: OBST

Bananen, Äpfel, Beeren und
Papaya und Zitronen
Sind äußerst nahrhaft und gesund.
Wie Mango und Melonen.

Auch ohne Pflaumen geht es nicht
Und Kirsch und Nektarinen.
Obst ist die erste Bürgerpflicht
Und reich an Vitaminen.

Obst macht die Seele lieb und weit.
Obst knüpft die Herzensbanden.
Auf Obst basiert die Menschlichkeit.
Rom ist auf Obst entstanden.

Obst gibt es auch als Shake & Quark.
Groß ist die Obstbedrängnis.
Obst muss man hundert Mal am Tag,
Sonst kommt man ins Gefängnis.

Und alle Kinder hassen das,
Wie man nur hassen kann.
Auch Jugendliche fassen das
Obst mit dem Arsch nicht an.

Denn Obst ist nass und glibberig
Und flutschig, faul und sauer.
Drum, lieber Bauer, hör auf mich
Und werde Pommes-Bauer.

DER MANDELKUCHEN

Ihr Garten war ein Park aus tausend Bäumen,
Und unter stolzen Farnen floss ein Bach.
An feuchten Ufern sah man Reiher träumen,
Und kam der Mond, dann wurden Uhus wach.

Ihr Schloss war hoch wie eine Kathedrale,
Ein starker Stein aus einer alten Zeit.
Sie schlief in einem marmorroten Saale.
Juwelen hingen schwer an ihrem Kleid.

Zu Geld wurd alles, was sie angefangen,
Ihr Mann und sie. Dann fiel er ihr ins Grab.
Ein Jahr war's her und viel zu schnell gegangen:
Er klagte über Schmerzen, schrie und starb.

Ein Jahr war's her. Heut kamen ihre Kinder
Aus aller Welt in dieses große Haus.
Es waren sechs. Ein Sohn kam im Zylinder.
Der sah verschlissen und nach Leihhaus aus.

Sie alle hatten's nicht so gut getroffen.
Sie alle spielten reich und waren's nicht.
Auf schnelle Erbschaft durften sie nicht hoffen:
Die Mutter war sehr rosa im Gesicht.

So saßen sie in trauerndem Gedenken
Und sprachen über Vaters bittren Tod.
Sie trösteten die Mutter mit Geschenken.
Die Lippen ihrer Töchter waren rot.

Sie schenkten Kuchen, Schmuck und Orchideen.
Der Kuchen sei für morgen, sagten sie.
Spät sah man sie in die Gemächer gehen.
Dort schliefen sie so wenig wie noch nie.

Sie waren mit der Mutter großgeworden
Und kannten deren Seele allzu gut
Mit ihren Melodien und Akkorden.
So lagen sie und wussten, was sie tut.

Sie ließ sich gern von süßem Zeug versuchen.
Sie sah im Traum, was es im Kühlschrank gab.
Sie wachte auf und aß vom Mandelkuchen
Und klagte über Schmerzen, schrie und starb.

DIE UNWICHTIGE TORTE

Papa?
Ja, mein Kind?

Wenn die schlafend fortgewehte
Mutter leis wie im Gebete
Sagt, was sie im Traume spricht;

Wenn sie also, lieber Vater,
Schlummernd murmelt: ›Kinder hat er,
Doch ihr Vater ist er nicht!‹;

Ach, wie gern ich dieser Worte
Sinn verstünde! – Gibt's noch Torte?

Im Kühlschrank; wie war die Stelle mit dem Vater?

SPEISEEIS

Der Sieg über die schwarze Pest, die Fahrt
Zum Mond, die Bachschen Messen und Motetten,
Die Lust, mit der ein Liebespaar sich paart,
Das Bildermeer in Rilkeschen Sonetten,
Der Sonnenaufgang über der Provence,
Das ungeheure Grün der Scottish Highlands,
Die Eleganz (französisch: elegance)
Der abendlichen Stille (englisch: silence) –

All das ist NICHTS, NICHTS gegen dich, du Gott
Aus Kalt und Weich und Zart und prallster Süße!
Du schlechter Laune tödlichstes Schafott!
Ein erster Löffel, und bis in die Füße
Verströmst du größtes Glück zum kleinen Preis
Und höchster Wonne tiefstes Wohlbehagen!
Das wollt ich dir, von Mensch zu Speiseeis,
Schon lang mal schreiben oder, besser, sagen.

Winterpizza

VERBOT DER ÜBERRASCHUNGSEIER

Wunderschön wie alle Riten
Sind die Riten der EU.
Diese heißen: Wir verbieten,
Wer verzichten muss, bist du.
Heute geht es, einszweidrei,
Um das Überraschungsei.

Denn es könnten ja die Kinder,
Die soo klein und soo verrückt sind,
Wenn die bunten und nicht minder
Hohlen Eier erst verdrückt sind,
Auf die kleinen Puppen gucken
Und sie dann mitsamt der süßen
Schokolade runterschlucken,
Woraufhin sie hüsten müssen.

Zwar ist, wie Experten meinen,
Einerseits kein Fall bekannt,
Und auch Brüssel weiß da keinen.
Doch was soll's: Gefahr gebannt!

Gut gedacht, doch: nicht zuende.
Denn auch andres ist gefährlich.
Wenn sie in die falschen Hände
Kommen, sind – ja, sei'n wir ehrlich –
Recht riskant auch Wodkaflaschen.
Käufer könnten aus Versehn
Auch den Inhalt ganz vernaschen
Und dann blau ins Bettchen gehn!

Wie verlockend auch die netten
Süßen Schachteln, klein und eckig.
Aber innen: Zigaretten!
Wer die raucht, dem geht es dreckig.
Also sollte kein Kind nippen
An den Sachen, nun sind's drei:
Erstens Wodka, zweitens Kippen,
Drittens Überraschungsei.

Und dem Kindeswohle dienen
– Gut, das drängt nicht, das hat Zeit,
Das mit den Personenminen
Ist noch lange nicht soweit,

Doch das Überraschungsei –
Diese Angst ist jetzt vorbei!

V DIE RECHNUNG

Nachdem die Firma Basler Leckerli eine Werbekam-
pagne gestartet hatte mit dem (gehaltenen) Versprechen,
dass jeder Einsender eines lobenden Textes 500 Gramm
Basler Leckerli bekomme:

LOB DES BASLER LECKERLI

Aus Basel stammt ein Biskuit fein
Mit Namen Leckerli.
Wer's kostet, wird im nachhinein
Vor Glück verreckerli.

»Gewürze, Nüsse, Zitronat,
Glasur und Mandelcrème,
Versetzt mit Schnaps und Orangeat.«
Geschmack: (noch) angenehm!

Und beispielsweise im Vergleich
Zum Spekulatius
Ist's Basler Leckerli so weich,
Man spricht von einem Muss.

De Beukelaer backt nur Mist,
Und Bahlsen riecht nach Senf.
Das Beste unter allen ist
Das Leckerli aus Genf,

Pardon: Aus Basel kommt der Keks,
Hübsch eingeschweißt ins Dösli
Für morgens, dienstags, unterwegs.
Jetzt her mit dem Erlösli.

ZWEI SCHLANGEN
UND KEIN SONNTAGSBROTKAUF

Die Schlange schwitzt. Zwei dicke Kinder schauen
So dumm wie ihre Eltern zu mir hin.
Im Rücken einen Distinktionsgewinn,
Vorm Bauch zig dicke dumme Männer/Frauen.

Die Schlange schleicht. Ich möchte sie verhauen
Und rufe, als ich endlich! vorne bin:
»Ein Vollkorn, dicke dumme Bäckerin!
Zackzack! Auch dünne Dichter müssen kauen!«

Die Schlange schluckt. Die Bäckerin starrt sehr
Erschreckt und wie verwundet in die Runde.
Dann sieht sie es. Und grinst: »*Was* wolln der Herr?«

Die Schlange grinst: »Das Brotregal ist leer.«
Und rezitiert – das mir! – aus altem Munde:
»Wer jetzt kein Brot hat, der kriegt keines mehr.«

LOB DER LKW-MAUT

In Erwägung, dass die Kleinen
Wie die Großen lang schon leiden:
Nachts, im Lärm erwachend, weinen
Oder tags im Stau auf beiden
Rechten Spuren rechtens hassen
Die, die eine Welt verstopfen
Und die teure Luft verprassen,
Fordre ich, von Malz und Hopfen
Fein beschwingt: Erhöht die Preise
Noch und nöcher! Macht sie fliegen!
Macht, dass über Brummi-Kreise
Die der Weltvernunft obsiegen!

Dublins Äpfel solln nicht stammen
Von den Bäumen der Armenier.
Solches Tun muss ich verdammen!
Schließlich gingen deutlich wenier
Brummis mir auf meinen Keks,
Wären wenier unterwegs.

Und so fordere ich heute:
Lasst die Speditionen ruhn!
Lasst nicht weiter gute Leute
Schlechtes tun.

ACH, ACH, ACH UND ACH –
EINE RESTAURANTKRITIK

»McDonald's verliert den zweiten Vorstandschef
binnen sieben Monaten. Der 44-jährige Charles Bell
tritt wegen einer Darmkrebserkrankung zurück. Sein
Vorgänger Jim Cantalupo war im April überraschend
verstorben.« (ap)

Schicksal birgt sich, ach, fast immer.
Aber hin und wieder fällt
Zitternd wie ein Kerzenschimmer
Eine Ahnung in die Welt.

Ach, vor grade einmal sieben
Monden riss der Tod, o Graus,
Aus dem Kreise seiner Lieben
Den McDonald's-Chef heraus.

Ach, ein neuer ward gefunden.
Doch auch dessen Leben wankt.
Gebe Gott, er mag gesunden,
Wo er doch an Darmkrebs krankt.

Lebens Faden ist aus Seide.
Furchtbar ist es, wenn er reißt.
Ach, wieso denn haben beide
Niemals *außer* Haus gespeist?

IM RESTAURANT DES NORDENS

»Der beste Tisch für Sie: Das Heer der Armen
Sitzt hungrig drunter, und es sieht Sie nicht.«

»Wer Bestes gibt, der zeigt sich durch Erbarmen.
Und satt macht die im Schatten nicht das Licht.
Sie picken, was herunterfällt, und leben.
Wenn wir nicht prassten, holte sie der Tod.
Leer wär ihr Nehmen ohne unser Geben:
Allein der Überfluss verdünnt die Not.

Hm, exzellent! Hier, fangt, ein feiner Brocken,
Ein halbes Mundvoll zartster Nudeln … – he!
Garçon, da ist ein Zahn in meinem Socken.
Mon dieu, das ist … das war mein dicker Zeh!
Na tun Sie was! Die essen meine Waden!
Und nun die Schenkel! Roh und ungewürzt!
Verhältnisse sind das in Ihrem Laden!«

»Mein Herr, ich fürchte, sie sind umgestürzt.«

Wollwurst

DER SCHLACHTER

Er liebt die Axt und liebt das Schwein
In mundgerechten Stücken.
Es schreit zum Himmel. Doch sein Schrei'n,
Ihm kommt es vor wie Quieken.

Der Schlachter lacht. Er schlägt mit Lust
Und lacht noch bei der Häutung.
So arm der Mann, so reich der Frust –
Wir kommen zur Bedeutung:

Ein Schlachter bist auch du. Gesteh':
Auch du quälst deine Lieben.
Auch du lässt deinen Frust – wie? Nö?
Dochdoch: Hier steht's geschrieben.

VEREINIGUNG

Papa?
Ja, mein Kind?

Wenn wir einst, um nicht zu rosten,
Rübermachten aus dem Osten,
Um die Welt in Bunt zu sehn;

Wenn wir nun vor todesblassen
Penny-Lidl-Aldi-Kassen
Wie im Osten Schlange stehn:

Ging der Schuss (ich frag ja bloß)
Nicht dezent nach hinten los?

Dann geh' halt rüber!

GUTER RAT

Abzuseelern schrumpft die Seele,
Abzuherzern kühlt das Herz,
Abzumagern stößt die Kehle,
Nein, den Magen sozusagen
Kalten Herzens hagerwärts.

Also darfst du nicht vergessen:
Weniger schmeckt nie nach mehr!
Wenig kostet es, stattdessen
Mehr als weniger zu essen:
Aufzuvöllern! – Bitte sehr.

DIE BIOTONNE

Umweltfreunde heißen wir,
Und wir sind es voller Wonne:
Auch im Sommer schmeißen wir
Bio in die Biotonne.

Deckel auf, Matsch rein! Jedoch
Will, was lebt, auch Futter kriegen.
Und aus stinkem Höllenloch
Strömen Maden, Käfer, Fliegen,

Und sie ziehn uns in die nasse
Warme Tiefe, wo wir gären
Umweltfreundlich zu 'ner Masse
Aus Gemüse, Mensch und Beeren.

EIN ~~MÜNCHNER~~ HERNER IM HIMMEL

Die Weihnachtsgans
So ganz allein,
Sie wollte mir nicht munden.

Im Walde stand's,
Das Pilzelein,
Und rief: »Ich mag sie runden!«

Die Punkte weiß
Auf rotem Grund,
Am Schaft ein feuchter Schimmel.

Ich briet es heiß.
Voll war mein Schlund.
So kam ich in den Himmel.

Der Bauch noch brach,
Der Gang noch schwank:
Ich musst' mich übergeben.

Der Herrgott sprach
»Na vielen Dank«
Und ließ mich wieder leben.

Moral: Man bricht
Im Himmel nicht,
Der Herrgott sieht's nicht gerne.

Doch wenn man's tut,
Wird alles gut:
Ich bin zurück! In Herne!

Blutwurst

DIE UNVERTRÄGLICHKEIT

So sehr man es beklagen mag
Und es den Tag versaut:
Nicht alles, was dein Magen mag
Und unterm Herzen tragen mag,
Bekommt auch deiner Haut.

Erdbeeren etwa schmecken süß
Und sind doch allergen.
Sie finden rote Flecken süß,
Das finden vielleicht Zecken süß,
Doch keine Men … äh … schen.

Auch wer sich übergeben muss,
Kommt mit dem Mahl nicht weit.
Dass jemand damit leben muss
Und um ein Haar entschweben muss!
Ja, ach du liebe Zeit!

Und nicht nur's Was ist wichtig, denn
Die Menge macht es auch.
Kein Zentner Fleisch ist richtig, denn
Er macht dein Dasein nichtig, denn
Dann explodiert dein Bauch.

P.S.
Drum wähle, was und wie du isst,
Bevor du dran gestorben bist!
Denn *nach* dem Tod ist's oft zu spät
Für lebensrettende Diät,
Weil halt ein Toter, kurz und gut,
Gemeinhin nicht mehr leben tut,
Und wenn, dann meist nur kurze Zeit.
So viel zur Unverträglichkeit.

extra scharfe

DINNER FOR ONE

Die Liebe, sagt man, kocht sehr gut.
So nahm ich acht Kohlrabi
Mit Pommes und zehn Fingerhut
Senf, Curry und Wasabi.

Das ließ ich auf 400 Grad
Fünf Stunden kräftig braten.
Durch Stampfen wurd das wieder zart.
Gewürze »aus dem Garten«:

Dill, Himbeer, etwas Tulpe mit
Bratwurst und Süßrahmbutter –
Ein Traum! Ich: »Guten Appetit!«,
Sie zog zurück zur Mutter.

VI VERDAUUNGS-SPAZIERGANG

SCHWEIZFÜSSE

DER BAUER

Der Bauer pflegt ein wahres Sein
Fernab der falschen Städte.
Er haust mit Henne, Rind und Schwein
Am Start der Nahrungskette.

Dort baut er unser Essen an
Mit Liebe und mit Dünger.
Es litte ohne diesen Mann
Ein jeder Städter Hünger!

Beim Trunk allein versagt er schwer:
Nur Milch bringt uns der Bauer.
Da bringt uns doch entschieden mehr
Sein Konkurrent, der Brauer.

LEHRER WAR IM RESTAURANT

Ovid wohl war *Miro*m A*Benn*d
Cäsar mir mein Schnitzel aus
*Seneca*nten waren krustig
*Walt Whitman*darinen drauf

Kriegte *Abälard*er k*Heine*
Soße schmeckte *Zola*la
Hun*Grieg* schnitt ich's Schnit*Celan*
Fleisch war *Tol – stoj*er auch

Hatte bald sch*Ondatje*futtert
Zog mir Buddel Bier *O'Brien*
Süppelte fr*Eich* aune fünfte
Unne sechste *Baudelair*

»Ober, l-lec*Kerr*, alter Fl*Hegel*,
Hähä! Ups, par*Donna Leon*,
Schön al *Dante,* quatsch *Al dorno*,
*Marc Aurel*ativ gern Pommes
Ausm *Keller, Gottfried*iert und
B*Hüsch*en Salz druff, gröööhh … –
Taxi!«

VATERFREUDEN 1

Frische Hose, frisches Hemd,
Frisch geduscht: Ich küss dich, Tag!
Rosa, die ich tanzend trag':
Auf den linken Arm gestemmt,

Hoch zum Leben! Hoch zum Licht!
Hoch zum Zauber vollster Welt!,
Tanzt und lacht, und ihr gefällt
Ihre Aussicht: mein Gesicht!

Nie gekleckert, nur geklotzt!
Und wir drehen uns im Rund,
Bis das Kind aus tiefstem Grund
Mir auf Hemd und Hose kotzt.

VATERFREUDEN 2

Gerne seh ich, Emmi fütternd,
Sie mit Interesse schlucken
Und den Brei, wenn's ihr zu viel ist,
Auf des Vaters Sakko spucken.

Darum spuck auch du Zuvieles
Auf das Sakko dessen, der dich
Voller Liebe hegt und füttert!
Sei wie unsre Tochter! Wehr dich!

DIÄTENWAHN

Man zwingt sie armen Frauen auf.
Da wird erst ab-, dann aufgespeckt,
Denn Hunger ruft: Los, iss und sauf!
Man nennt es den Jojo-Effekt.

Derselbe quält den armen Mann
Im Bundestag von früh bis spät:
»Sie nehmen Lobby-Gelder an?«
»Jojo. Ich muss, bei der Diät …«

Zehntausend Euro kriegt er nur.
Und ist Moral erst angedickt,
Dann muss auch sie auf Hungerkur.
Diätenwahn, wohin man blickt!

Oelsardinen

GERN FÜHLT' ICH, WENN ICH GINGE, UND GINGE OHNE NOT

Einmal noch vor dem Tod
Noch einmal: diese Dinge
Einmal nur:
Abendrot
Den Wind der Adlerschwinge
Die Luft voll Hundekot
Den Hals in einer Schlinge
Extreme Atemnot
Und in mir Bratheringe

DER BRÖTCHENBÄCKER

Vor Zeiten, als die Welt noch stand,
Da backten Brötchenbäcker
Mit Liebe, Milch und Sachverstand,
Und siehe, es war lecker.

Dann kam die Brötchenindustrie,
Und mit ihr starker Tobak.
Seitdem sind alle Brötchen i,
Am i-sten die von Crobag.

Die Wurst ist schlecht, der Käse faul,
Man stopft gesenkten Hauptes
Sich butterarmes Mehl ins Maul,
Und wenn man kaut, dann staubt es.

MATERIALIEN ZU EINER KRITIK
DES AUSSCHEIDENS

Auszuscheiden gibt es täglich vieles.
Schweiß gehört dazu, Urin und auch
Stoffliches aus dem Verdauungsschlauch.
Auszuscheiden hat was Hominides.

Aber wenn gleich elf am Schluss des Spieles
Ausgeschieden und nach altem Brauch
Raus sind, dann hat auszuscheiden auch
Etwas Dösiges, ja Imbeziles.

Und dann sei's Löws Jogi unbenommen,
Zu erklären, wie denn kam, was ist:
Auszuscheiden macht mich dann beklommen.

Daher mal prosaisch unverschwommen:
Auszuscheiden ist totaler Mist,
Wenn es ausschließt, dass wir weiterkommen.

VII SO FRESSEN DIE ANDERN

DIE BIENE

Die Biene sprang im Drogenwahn
Den mittagsmüden Grizzly an,
Schlug mehrfach viehisch brüllend drauf
Und fraß ihn dann in toto auf.
Moral: Es schützt den Grizzly nicht
Allein die Größe und Gewicht!

FRESSEN IN ESSEN

Man zieht nicht hin. Man wird dorthin gebracht
Nach einem letzten Urteil ohne Milde.
Man bringt in diese finsteren Gefilde
Nur schlimmste Mörder in verfluchter Nacht.

Sie sind in Ketten, dutzendstark bewacht,
Und führen gleichwohl Schreckliches im Schilde.
Und Wachmannschaften wähnen sich im Bilde
Und werden mannschaftsweise umgebracht.

Denn alles Menschsein hat sich längst vergessen
An diesem Ort, den jeder Mörder kennt.
»Die Sträflingsstadt«. Wer will das Leid ermessen.

Hautkranke Ratten werden roh gefressen.
So jubelt grad der schlimmste Delinquent
Bei diesem Urteil: »Zwanzig Jahre Essen«.

Thüringer

EIN MENSCH
(für Eugen Roth)

Ein Mensch, der stetig sich bemüht
Und doch sich als Verlierer fühlt,
Weil er sich nicht beirren lässt
Im Glauben – daran hält er fest! –,
Dass just sein Körperbau nicht chic,
Im Gegenteil: recht feist und dick;
Und der auch eines Tags erkennt,
Dass er auf allen Vieren rennt,
Dass Rücken, Schenkel, Knie und Bauch
Nicht minder als die Stirn und auch
Die Schultern, Arme, Beine, Zehn
Nicht grade up to date aussehn
Mit ihrem grizzlybraunen Fell:
Ein solcher Mensch wird leider schnell
Sehr menschenscheu, er macht sich rar
Und zieht am Schluss nach Kanada.
Dort sieht man, weil er leben muss,
Ihn bald darauf in einem Fluss,
Wie er behend durchs Wasser tappt
Und höchst versiert nach Lachsen schnappt,
Die seinen langen scharfen Krall'n
Zu Hunderten zum Opfer fall'n.
Seitdem bekümmert ihn nicht mehr,
Dass er kein Mensch ist, sondern: Bär … – – !

DIE EINTAGSFLIEGE

Die Eintagsfliege kochte fein,
Denn morgen sollt' ein Festmahl sein.
Doch aß sie (sehr zu ihrem Glück)
Am selben Tag noch alles weg.
Moral: Das war ja mehr als knapp!
Da beißt die Maus kein' Faden ab!

DER SPATZ

Hochwohlgeboren saß ein Spatz
Zu Tisch in Frack und Schlabberlatz,
Zylinder, Schnabelschuhn – allein:
Er schob sich nix als Maden rein.
Moral: So mancher hohe Herr
Frisst geradeso als wie's Gescherr!

DIE RUNKELRÜBE

Die Runkelrübe fraß aus Zorn
Zwei Gemsen Marke Matterhorn
Und sprach alsdann: »Was tu ich hier
In diesen Fabeln? Bin ich Tier?«
Moral: Na gut. Im Grunde nicht.
Doch ist nicht Tier, wer so schön spricht?

Hundepizza mit Pansen

Krakauer

Schweinswürstel

DIE PARISER

Sie knüllen weißes Greisenbrot
In roten Wein und Käse.
Sie brüllen ganztags rotweinrot
Die Ma … die Ma … säjäse,
Und rohe Frösche stürzen sie
Hinunter irrer Mienen.

Wer das nicht mag, den kürzen sie
Auf ihren Guillotinen
Und fressen grunzend Babybel
Und Brie und noch mehr Weine
Und eiern auf den Tour Eiffel
Und reihern in die Seine.

PICKNICK 2080

Die Bäume gehen aus dem Wald.
Der Tod ist sein Vertrauter.
Die letzten Wölfe heulen kalt,
Du, mach das Feuer lauter.

Leer schauen deine Lippen her.
Mein Auge schweigt von Dingen.
Ich höre deine Haut nicht mehr,
Du weisst nicht: Was ist Singen.

Wie viele Kinder kamen noch
Nach Ende der Korallen?
Wir riefen unsre Namen noch,
Dann waren sie entfallen.

Du, lass uns spielen angesichts
Der schwarzverbrannten Rinden:
»Hier, nimm und iss.« Wir haben nichts
Und werden nichts mehr finden.

Inhaltsverzeichnis

THOMAS GSELLA

war viele Jahre Redakteur und von 2005 bis 2008 Chefredakteur der »Titanic«. Regelmäßige, teils wöchentliche Gedichtveröffentlichungen im »Stern«, dem Schweizer »Magazin«, taz, FAZ, Junge Welt, Titanic, FR, Mission Lifeline u. a. Ihn schmücken drei Preise und Stipendien, darunter der Robert-Gernhardt-Preis 2011, und annähernd dreißig Bücher voller komisch-satirischer Lyrik und Prosa.

Im Haffmans Verlag bei Zweitausendeins erschienen: *Generation Reim*, 2004, mit Bildern von Greser & Lenz – *Lustgedichte & Festgedichte & Trinkgedichte*, 2018–2019, mit Bildern von Rudi Hurzlmeier.

RUDI HURZLMEIER

zeichnet und pinselt seit nunmehr gut 30 Jahren komische Bilder. Zuvor wurde er am 13. November 1952 im niederbayerischen Kloster Mallendorf geboren und lebt seit 1957 meistens in München; er ist seit 1985 ständiger Mitarbeiter des Satiremagazins »Titanic«; seine Werke erscheinen in der »Süddeutschen Zeitung«, in »Spiegel online«, im »Raben-Kalender« und liegen in zahlreichen Buchveröffentlichungen vor. Rudi Hurzlmeier wurde zweimal mit dem Deutschen Karikaturenpreis ausgezeichnet, 2015 erhielt er den Göttinger Elch und 2020 den Ernst-Hoferichter-Preis.

Im Haffmans Verlag bei Zweitausendeins sind erschienen: *Evergrins*, 2013 – *Rosinen des Gesamtwerks*, 2015

& mit Versen von Harry Rowohlt: *Happy Birds-Day*, 2004 – *Wahre Engel und andere Geister der Weihnacht*, 2005 – *Ich wollt, ich wär dein Hund*, 2006 – *Miez Miez*, 2007 – *Hipphopp*, 2008 – *Lord Brummel*, 2009 – *Viel Schwein!!!*, 2011 – *Jedem Tierchen sein Pläsierchen*, 2012 – *Monkiss*, 2015

& mit Bildern in: Eugen Egner, *Als der Weihnachtsmann eine Frau war*, 2005 – Klaus Bittermann, *Der Aufstand der Kuscheltiere*, 2007 – Thomas Gsella, *Lustgedichte & Festgedichte & Trinkgedichte*, 2018–2019.